AF281297

FlamencoCreative

Luna de caramelo

Primera edición,
enero de 2025

© Soledad Ruz Nieto

Obra coordinada por
Opera Prima
C/ Espejo, 10
28013 Madrid
Tels. 91 559 29 49 / 696 57 01 31
operaprima@operaprima.es
www.operaprima.es

Fotografía de portada y solapa: Yara Vergara
Maqueta: Nacho Donoso Bailón

ISBN: 978-84-10244-38-2
Depósito legal: M-28229-2024

Impreso en España

FlamencoCreative

Luna de caramelo

by - Soledad Ruz

ÍNDICE

FlamencoCreative 🕚

1. Justificación.. 13
2. Introducción 17
3. Marco teórico.. 21
   3.1. El flamenco 21
      3.1.1. El flamenco 21
      3.1.2. Características y propiedades del baile
             flamenco 23
      3.1.3. El flamenco como terapia...................... 28
         3.1.3.1. Ámbitos de utilización.................. 32
         3.1.3.2. Beneficios de la música en el sujeto........ 34
         3.1.3.3. La música flamenca........................... 37
            3.1.3.3.1. La música flamenca como elemento
                       terapéutico.............................. 40
   3.2. La psicología positiva.................................. 42
      3.2.1. La psicología positiva 42
      3.2.2. Las emociones positivas y negativas 43
      3.2.3. La inteligencia emocional...................... 47
      3.2.4. La resiliencia.................................... 48
Bibliografía 57

Luna de caramelo 59

Luna de caramelo 61
Hierro... 62
Tona 63
Ensoñación 64
A cuchillo 65
Alambrada 66
A tu disposición.. 67

Compañerita nocturna.................................... 68
En carne viva 69
San Lucas 70
Encrucijada.. 71
San Marcos... 72
Rosa eterna 73
Negro pozo 74
Cementerio... 75
Vil metal.. 76
Entre sombras.. 77
Sentencia 78
Asfixia.. 79
Muro 80
Insomnio 81
En tránsito.. 82
Te quiero 83
Herida abierta... 84
Deudas errantes.. 85
Pena negra 86
Títere del destino 87
Siete.. 88
Tangos del pensar 89
Mi bohemio de cristal...................................... 90
Lo de ser feliz.. 91
Falsa moneda... 92
Soleá 93
Mi velero 94
A un lado del banco.. 95
Extremaunción 96
Gitano de enjundia... 97
Carbón mojado.. 98
Ensueños 99
Madeja... 100

Poesía.. 101
Renacer... 102
Caballitos de mar... 103
San Mateo 104
San Juan 105
Medias verdades 106
Luceros... 107
El camino 108
Bulerías.. 109
Resurrección 110
En tránsito.. 111
Jinete blanco 112
Impacto 113
Herida sangrante 114
Desconcierto... 115

FlamencoCreative

1. Justificación

La música es un instrumento muy valioso que alienta al hombre a experimentar sus pensamientos, sentimientos y conductas, con frecuencia se ha utilizado desde la antigüedad de forma curativa y en rituales. El recorrido histórico vivido por la musicoterapia ha pasado por estadios mágicos, religiosos, filosóficos y científicos lo que le confiere un significado polémico. Por otra parte, a nivel personal, la música flamenca y el baile me han dado la posibilidad de conocerme como mujer y como persona, también me ha facilitado un desarrollo interior que me ha permitido expresar los sentimientos y emociones de mi experiencia vital.

El flamenco es música viva y creativa con una gran carga de improvisación. A lo largo de su historia se presenta como un arte flexible que permite expresar los sentimientos. En el año 2002 en la Escuela Psicoballet Maite León en Madrid tuve la oportunidad de realizar una experiencia con el baile flamenco y una persona con diversidad funcional, a lo largo de estos años en mi propio centro he tenido la oportunidad de poder trabajar con personas de movilidad reducida y en estos últimos años trabajar con mujeres víctimas de violencia de genero. La psicología positiva y la gestión de las emociones busca promover un cambio físico, emocional y de conducta además de pretender avanzar en el conocimiento sobre cómo mejorar el bienestar, además busca estrategias para conseguirlo. La educación emocional es el puente que conecta el modelo teórico de la psicología positiva y los distintos modelos Teóricos sobre las emociones, con sus implicaciones prácticas en la vida diaria. Una forma de promover la salud y potenciar el bienestar psicosocial es la música a través de una adecuada educación emocional, utilizamos la psicología positiva y el baile flamenco como herramienta y vehículo efectivo que pueda ayudar al sujeto a experimentar con sus pensamientos, sentimientos y emociones. Buscando la finalidad de lograr una mejora en su capacidad física y conductual que revertirán en una mejora significativa de su calidad de vida.

El *flow* dentro de la psicología es el estado que alcanza un individuo cuando está totalmente centrado en el disfrute de una actividad, se pierde la noción del tiempo y disfrutamos conectados en este caso dentro de nuestro baile. El disfrute y la libertad de expresión nos permite salir de la rigidez de la danza profesional que exige estética, actitudes físicas, psíquicas y comportamentales, el *flow* es expandir la conciencia desde el cuerpo y utilizar la música como catalizador de emociones.

Sin embargo para el mundo del flamenco tener DUENDE no sólo es tener una catarsis dentro de un momento «mágico» que se pueda producir en un contexto determinado, sino que la persona que vive ese momento está dotada de unas cualidades consideradas para el resto de los aficionados/as «especiales».

En los años que llevo dentro de la docencia del baile y del camino de la investigación sobre el flamenco en distintos ámbitos no voy a intentar cambiar los conceptos culturales establecidos sino más bien añadir uno más. ¿Qué sucede AL OTRO LADO DEL DUENDE? Cómo el flamenco puede ser un vehículo para que TODO EL MUNDO SE EXPRESE y pueda beneficiarse de los efectos terapéuticos que tienen.

2. Introducción

Un encuentro entre el flamenco y la psicología positiva

Desde el flamenco como afición y como instrumento terapéutico propongo enfocar ya no este arte como tradición y dimensión colectiva de una cultura sino utilizar otro ángulo del flamenco y en concreto su forma de bailar.

Enfocándonos el baile flamenco desde el disfrute y utilizándolo como herramienta, uno de los objetivos es utilizar el cuerpo como nuestro vehículo de comunicación intentando en este que el sujeto desarrolle y mejore ciertas capacidades y su autoestima.

La danza surge antes que otras formas de expresión, y el propio medio que se utiliza al bailar es el propio cuerpo, esto nos llena de un poder comunicativo y expresivo potencialmente enorme frente al resto de las disciplinas. El baile flamenco tiene la capacidad de proporcionar un puente bidireccional entre la mente y el cuerpo como el resto de la danza.

Se puede observar a los niños/as una tendencia natural a bailar al son de la música de forma espontánea independientemente que sea flamenca o no. Esta expresividad que tienen es influenciada por la intensa estimulación emocional que la música produce en el ser humano. Normalmente el baile espontáneo tanto para niños como para adultos implica la realización de un ejercicio reparador que suele ir unido a estados emocionales positivos.

En el flamenco se han fundido muchos pueblos y culturas, es una manifestación abierta a todos los aires musicales y de danzas del mundo, tiene mestizaje y es universal.

Además es un arte que conjuga el dominio de pasos, movimientos y compases con la expresión de los más diversos y profundos estados del alma. Enfocando el tema hacia el baile flamenco desde el ángulo terapéutico uno de los objetivos a buscar es utilizar el cuerpo como nuestro vehículo de comunicación intentando desarrollar la capacidad de proporcionarnos un camino hacia nuestra mente y las emociones internas que la música flamenca nos va ir trasmitiendo. El flamenco es resiliente desde el principio de sus tiempos, ya que se mantiene por un pueblo que a pesar de haber sufrido penalidades ha sido capaz de resistir las embestidas de todo tipo a lo largo de todos los años. Trasmutar sus penas, traumas y desgracias a través de su cante, baile y su música. Las modulaciones de la voz en los cantes nos llevan a tiempos remotos, ciertos toques de guitarra rompen las barreras ornamentales actuales y nos llevan a modos más sencillos pero con sabor más añejo y por supuesto con más duende.

Como dijo el cantaor flamenco Rancapino: «... Cuando se pasa fatigas es cuando se canta bien...». La connotación cultural que tiene la música flamenca y la simbiosis que tiene con la danza la debemos tener muy en cuenta, ya que la importancia de sentir la música cuando bailamos flamenco es muy importante. Esta asociación **sonido-emoción** hace que entendamos lo que sentimos en el contexto que estamos y reaccionamos ante él, en este caso con nuestro cuerpo vehículo de expresión. Lo interesante es que el sujeto sea consciente de sus emociones internas, ir descubriéndolas y poder trabajarlas en el ámbito de la flamencoterapia y la psicología positiva, poder llevarlas a buen puerto, transformarlas y que salga resiliente.

Es por ello que considero que el baile flamenco puede ir unido al bienestar y al crecimiento psicológico y esta creencia es la base de mi trabajo de investigación FLAMENCOCREATIVE.

Simbiosis baile flamenco y psicología positiva

El potencial de estos dos mundos para el desarrollo de la expresión de las emociones.

La danza y sus beneficios con las ciencias del comportamiento, con especial incidencia en el bienestar, el desarrollo de la inteligencia emocional, la pasión, el duende, la motivación, la autoestima, la resiliencia y el desarrollo de la creatividad.

3. Marco teórico

3.1. El flamenco

3.1.1. Orígenes del flamenco

La música flamenca empezó con una voz y unas palmas, y más tarde se incorporó la guitarra. Es sólo en este siglo cuando se introduce el zapateo. Las tres principales herramientas del flamenco son el cante, la guitarra y el baile. Casi todos los estilos o palos flamencos pueden interpretarse con o sin baile, habiendo bailes sin cante y temas puramente vocales, a capela. Las raíces del flamenco se formaron recogiendo influencias de muy diversos orígenes: podemos encontrar en esta música aportaciones hindúes, árabes, judías, griegas, castellanas, etc. Cómo llegaron a fundirse en el flamenco las aportaciones de tantas culturas es una larga e interesante historia llena de leyendas, malinterpretaciones y preguntas sin resolver. Los gitanos del sur de España crearon esta música día a día desde su llegada a Andalucía en el siglo xv. La tradición nómada les lleva a ser una cultura acostumbrada a tomar prestada las formas musicales de allí donde llegaran para reinterpretarla a su manera. La música es una parte muy importante de sus celebraciones como del vivir diario. Todo lo que necesitan para comenzar a hacer música es una voz y algo de ritmo que siempre se puede añadir con las manos y los pies, por esto mismo, en las formas más primitivas del flamenco no se necesitan más instrumentos que los que proporciona el propio cuerpo humano. Gades, A.: «Lo grande del flamenco es su contención. No explota, pero hay una energía descomunal, sensualidad y erotismo que vibra todo el tiempo, pero también están la austeridad, el ascetismo...». La música gitana siempre ha sido amiga de los adornos, la improvisación y el virtuosismo. Los gitanos encontraron en Andalucía el lugar perfecto para desarrollar su musicalidad, pues esta región disfrutaba de un impresionante auge cultural, artístico y científico, debido a casi ochocientos años de mezcla de culturas árabes, judías y cristianas. Además el flamenco se forjó en el encuentro producido entre las clases más bajas y los miembros más parasitarios de la clase alta, fue una música transgresora que exhalaba pasión y liberación de instintos, Cruz Monge, J.: «... El flamenco no tiene más que una escuela, transmitir o no transmitir...».

Actualmente el flamenco es un elemento en constante invención y reinvención que responde a las circunstancias sociales, políticas y culturales de un tiempo, su carácter cambiante implica la promulgación y la reinterpretación de la tradición, así como su reconstrucción. En definitiva el misterio que envuelve al flamenco vinculado siempre a culturas antiguas reacias a dejarse analizar viene relacionado con la clandestinidad, aunque la historia del

flamenco siempre formara parte de la historia de Andalucía a pesar de sus enigmas.
Según Pablo, E. y Navarro, J. L., (2005): «La historia del baile flamenco es la historia de Andalucía. En él se han fundido en perfecto maridaje las sabidurías y destrezas bailaoras de cuantos pueblos y culturas han habitado los territorios que se extienden desde Huelva a las costas de Murcia y desde las arenas atlánticas y mediterráneas hasta Despeñaperros, la meseta castellana y Cáceres. Es una manifestación secularmente abierta a todos los aires musicales y dancísticos del mundo, una criatura mestiza y universal que ha crecido y se ha enriquecido bebiendo de todos los manantiales de la danza. Una criatura que tiene brazos de andaluza, pies de gitana y caderas de negra…» (p. 27).

3.1.2. Características y propiedades del baile flamenco

El baile flamenco es individual, introvertido, se realiza en un espacio reducido, es abstracto, requiere de una gran concentración y la improvisación tiene una gran importancia. Depende completamente de la guitarra que le presta el compás y el ritmo imprescindible para su realización, de manera que su progreso va unido al de este instrumento. El baile flamenco comprende movimiento de pies, cuerpo y brazos.

- Pies: zapateado, punteado, pateo…
- Cuerpo: torsión, vaivén, convulsión…
- Brazos: brazos, manos y dedos…

El flamenco tiene grandes propiedades y recursos para enfocar el aspecto emocional hacia lo terapéutico, abordando las emociones que evoca cada palo, también podemos trabajar bloqueos, resolver conflictos y sanar emocionalmente, los diferentes estilos nos van a servir de espejo para trabajar con ellas y abordar diferentes aspectos del sujeto.

El cuerpo como un territorio sensible y también como proceso biológico, fisiológico tiene característi-cas que posibilitan realizar conexiones visuales, táctiles, olfativas, auditivas y de esa manera percibir nuestro alre-dedor (Paul Valery).

El cuerpo como metáfora de la vida, parte de una trama que involucra, lo social, lo emocional, lo bioló-gico y lo espiritual. Es un productor y a la vez conductor de afectos, sentimientos, emociones, discursos y conoci-miento.

Los palos flamencos

A pesar de que a lo largo de los años muchos han sido los teóricos del flamenco que han realizado clasificaciones para agrupar los cantes o palos, nos aven-turaremos a seguir a Cava (2009): el flamenco como lengua especial del español por su agrupamiento en ocho grupos.

A. Cantes sin acompañamiento.
B. Cantes básicos o fundamentales.
C. Cantes de Cádiz o cantiñas.
D. Fandangos.
E. Cantes mineros y de Levante.

F. Cantes relacionados con el folclore andaluz.

G. Cantes de ida y vuelta.

H. Cantes de procedencia galaico-asturiano.

Tabla 1

Los palos flamencos

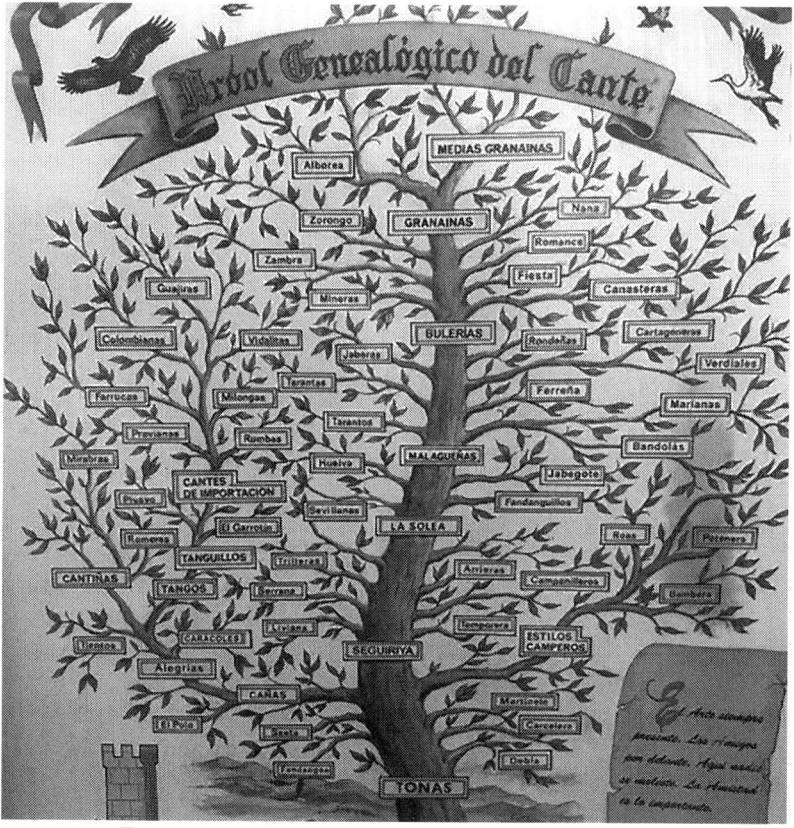

Fuente: Peña flamenca Torre del Cante (Málaga)

Los Palos en el flamenco son los diversos estilos con que este arte se expresa. Como es lógico, existieron estilos originarios, de los que se fueron derivando y posteriormente asentando la gama total de formas con las que el flamenco se ha ido manifestando a través del tiempo. Algunos de los palos antiguos han tenido que ser resucitados debido a que habían dejado de interpretarse por los cantaores, otros han seguido vigentes desde su nacimiento. Los diferentes estilos o palos del flamenco están agrupados en familias de acuerdo a estructuras, melodías y temáticas más o menos comunes. El ciclo más habitual, en casi todos los palos, es de doce partes. A menudo cada pieza se canta enlazando estrofas de distinto origen llamadas coplas, su número depende del ambiente que se quiere establecer y de la reacción del público. Los palos más antiguos son los romances, gilianas y alboreas. Las provincias andaluzas de Cádiz, Málaga y Granada son responsables de la mayoría de los palos, junto con algunas otras provincias de Andalucía y de las regiones colindantes de Extremadura y Murcia.

Seguiriyas

Es el cante jondo por antonomasia. Ya Manuel de Falla se refiere a la seguriya como el arquetipo de cante flamenco. Su origen data de principios del siglo XIX, tiene un compás de amalgama propio de algunos géneros flamencos $6 \times 8 + 3 \times 4$, queda invertido resultando $3 \times 4 + 6 \times 8$. La armonía que realiza la guitarra cuando toca por seguiriyas se basa en la cadencia andaluza modal, lo que en el lenguaje flamenco se llama «tocar por medio». La forma clásica de la seguiriya es la de introducción, letra y cambio para rematar sin embargo suele dominar el siguiente esquema formal: temple-seguiriya, corta-seguiriya, larga-cambio. La temática de las seguiriyas suele centrarse en la muerte, el amor, la madre, la cárcel, o la persecución.

Soleá

La soleá es un género flamenco que agrupa a otros géneros como el polo, la caña, las cantinas y las bulerías. El nombre tiene su origen en la deformación idiomática de soledad-soleá.

Podemos diferenciar varios tipos de soleá grande (de cuatro versos), de la de cambio (para rematar y en otra tonalidad), la soleá por bulerías (armonía de soleá y compás de bulería), la soleá corta, la soleara (soleá de melodía abreviada con el primer verso reducido a cuatro sílabas), la soleá *apolá* (con la que se cierra el polo, otro tipo de soleá de Triana), la de preparación (para comenzar un cante determinado) y las de zurraque (propias de los alfareros).

Como podemos observar el mundo del cante por soleá es complejo y requiere de un estudio profundo para diferenciar los distintos estilos. El tema central de las letras por soleá es la experiencia vital.

Tientos

Son los tientos un género flamenco perteneciente también al complejo genérico de los tangos. Tienen su origen en la tendencia de algunos cantaores flamencos a ralentizar el tiempo en el que se ejecutan los tangos flamencos, dotando al nuevo género de un carácter más profundo. El proceso de este palo arranca en la binarización de los ritmos ternarios africanos en América que a su regreso a España, hacia 1850, se integran en un mundo musical en el que predomina el compás ternario.

El nombre de tientos proviene de tentar, probar, en el sentido de aventurarse: tango-tiento sería entonces igual que decir tango lento, de pausada reflexión. Las letras para cantar por tientos poseen un contenido más apesadumbrado y afligido. El compás de los tientos es de 2x4.

Tangos

A partir de 1852 el tango aparece ya definido en el Diccionario de la Real Academia como «baile de negros y gente del pueblo que se baila en algunos países de América Latina». Los tangos como cante para bailar se cultivan en Cádiz, Jerez, Los Puertos, Triana, en Granada con numerosas variantes, Jaén, Málaga y Extremadura. El tango es un palo con copla de tres o cuatro verso octosílabos, es un baile alegre y animado, está considerado como uno de los palos básicos del flamenco.

3.1.3. El flamenco como terapia

Partiendo de la musicoterapia y citando a Davis y Cols., 2000: «La musicoterapia es la utilización de la música para conseguir objetivos terapéuticos: la restauración, mantenimiento y mejora de la salud mental y física» (pág. 7).

Y conociendo que en esta terapia la música utilizada viene determinada principalmente por las preferencias musicales del sujeto en cuanto a estilo, podemos utilizar el flamenco con todo lo que conlleva (música y baile) para lograr un objetivo terapéutico.

La música ejerce influencia en el ser humano y nos permite llegar a personas con diferentes habilidades y diversidades. Como hemos señalado anteriormente la música flamenca tiene un universo de emociones que nos va a permitir encontrarnos con ellas y con las de otras personas en el proceso terapéutico, ya que la simbiosis que tiene el flamenco con el movimiento (danza) es poderoso y nos va a ayudar a la hora de comunicar y trascender aquellos bloqueos que podamos tener.

Está medicamente comprobado que bailar genera numerosos beneficios físicos y mentales al igual que la práctica de cualquier deporte. El cuerpo al ponerse en movimiento, sea bailando caminando, haciendo gimnasia, expresa y comunica. Tal vez es el baile una de las maneras más armoniosas de comunicar es además una forma de contrarrestar enfermedades, se practica una actividad de tipo aeróbica que equilibra el organismo.

Villarán, M. (2020, 24 de marzo). Los beneficios del baile para tu salud. *Enecosalud.* Disponible en: https://blog.oncosalud.pe/los-beneficios-del-baile-para-tu-salud

La Danza Terapia es un método muy efectivo para la rehabilitación de problemas físicos y psicológicos ya que trabaja con la premisa de que el cuerpo refleja los estados psicológicos del individuo (Rainbow, 2005).

El ADTA (American Dance Therapy Association) se define como: un proceso que fomenta el bienestar emocional, cognitivo y físico de la persona, facilitando así el crecimiento emocional y la integración del cuerpo-mente (Mills y Daniluck, 2002).

Dentro del flamenco como terapia vamos a utilizar este proceso con el sujeto del estudio de caso: música-emoción-reacción-expresión. Esta asociación sonido-emoción es muy importante en este programa de intervención en concreto.

El baile flamenco tiene todas las cualidades que posee cualquier tipo de danza: proporciona movilidad muscular y articular, incrementa elasticidad de tendones y músculos, mejora la fuerza muscular y otorga mayor capacidad de movimiento. Ayuda a quemar calorías, mantienen al cuerpo en un peso adecuado a la vez que disminuye el colesterol y aumenta la capacidad intelectual y motriz. Es una gran herramienta contra los problemas óseos y articulares. Disminuye la fatiga muscular y aumenta la fuerza. También colabora con el trabajo de coordinación y flexibilidad. El flamenco tiene una gran variedad de estilos y ritmos que nos van a facilitar una amplia gama de experiencias bailando. Nos estructura mentalmente. Centra y canaliza nuestra energía. Seguir unas clases de baile flamenco (no importa su nivel) implica subirse al compás, estar a tiempo, fuera de compás, son todos ellos términos usados en la jerga del flamenco.

La India (2005): «Subirse al tiempo, de alguna manera es acompasarse con la vida que late a una única velocidad universal. El ritmo y la frecuencia del tictac del reloj no varían, un segundo tiene el valor de un segundo absoluto para la humanidad entera. Este segundo es ahora, ya mismo, ni antes ni después».

El flamenco puede ser un instrumento para que las personas hagan su proceso terapéutico. La persona que lo utiliza es porque este arte conecta profundamente con su ser. Aquí estamos tratando el flamenco y sus usos terapéuticos, ¿qué usaríamos de él para conectar profunda y verdaderamente con los sentimientos? Vivir la experiencia de cada sentimiento es una señal de entenderlo. En el año 2018 la cantaora, maestra Victoria Cava ofreció en el patio del mesón Melón de Oro la charla «El flamenco como terapia en la Educación Especial», un proyecto en el que niñas y niños con distintas necesidades mejoraron sus problemas asociados a éstas a través del flamenco a lo largo de los tres meses del estudio. Se consiguió que niños autistas que tenían dificultades para hablar llegaron incluso a cantar entre otros resultados.

Utilizar el flamenco como terapia como desarrollo personal aprovechando la riqueza de la danza flamenca ampliando el autoconocimiento corporal y explorar las emociones. El baile se puede transformar en un verdadero tratamiento que nos permitirá tratar dolencias físicas y emocionales.

El flamenco surge de la experiencia de un pueblo, de seres humanos a cuyos sentimientos apenas han sabido ponerle nombre. Tampoco ha hecho mucha falta porque su gesto con su grito desde la rabia se ha expandido al universo con la misma coherencia. No es una cuestión de ponerle palabras al sentimiento, es cuestión de sentirlos en estado puro y el flamenco nos lo permite con toda su gama de estilos flamencos, que reflejan alegría, pena, dolor, etc. Este arte con sus distintos compases nos centra en el aquí y ahora, con su expresión nos habla de sentimientos primitivos, donde el odio es odio, la muerte es muerte, y la soledad es la soledad. No sólo no los esconde sino que los reafirma. Es por ello que al abarcar todos los sentimientos humanos nos dará posibilidades para convertirse en una vía para tomar conciencia de las dificultades en diversas áreas de la vida.

I Encuentro andaluz de Danzaterapia y Flamenco, por ejemplo:

- https://www.deflamenco.com/revista/noticias/i-encuentro-andaluz
- https://www.deflamenco.com/revista/noticias/i-encuentro-andaluz-de-danzaterapia-y-flamenco-1.html

3.1.3.1. Ámbitos de utilización

Callejón, Chinchilla y Granados Conejo (2003:138) definen la terapia artística como una disciplina de ámbito asistencial e interdisciplinar que utiliza la expresión artística y/o el proceso creativo como recurso de relación, ayuda, prevención y/o intervención terapéutica. Al incluir varias formas artísticas se distingue entre musicoterapia, danzaterapia, dramaterapia y artererapia. La danzaterapia es el uso terapéutico del movimiento y la danza este recurso permite la integración psicomotora de la persona y consigue un cambio en el comportamiento, ya que por medio de esta técnica permite a las personas descargar emociones e integrarse al trabajo psicoterapéutico.

DE LAS HERAS, B. (2009) «... La danzaterapia es el uso terapéutico del movimiento y la danza dentro de un proceso que tiene por objeto alcanzar la integración psicofísica. Es decir, se parte de la idea de que el cuerpo y la mente están en permanente contacto por lo que la expresión a través del cuerpo influye en la mente…». Bárbara de las Heras es precursora en Andalucía y ha abierto el camino de la danzaterapia a través del baile flamenco.

I Encuentro Andaluz de Danzaterapia y Flamenco

El encuentro fue dentro de la programación de la XV Bienal de Flamenco de Sevilla, uno de los festivales más importantes a nivel internacional, en este encuentro se planteó conectar el mundo de la danza, la terapia y el flamenco, entre los ponentes se encontraba María Ángeles Narváez Anguita, alias *La Niña de los Cupones*. Adjuntamos en el apartado anexos una pequeña conversación con ella de su visión del flamenco y la discapacidad.

El flamenco posee una amplísima variedad musical, rítmica y de movimientos, empiezan a surgir en la década de los 90 del siglo xx y principios del xxi enfoques pioneros que demandan el uso del flamenco en otros contextos a los habituales, educación para adultos, para mejorar la autoestima, adolescentes con síndrome de Down y el flamenco fit, todos estos proyectos partiendo de las premisas que plantea la danzaterapia.

Los ámbitos de aplicación del baile flamenco como terapia pueden ser muy variados. Dependiendo de la población con la que queramos trabajar sería necesario elegir el tipo de estructura de las sesiones, los objetivos a plantear, los materiales que se puedan utilizar, las dinámicas, etc. Según otras investigaciones y mi propia experiencia también se podría trabajar con distintas psicopatologías de adultos, personas con trastornos, tercera edad, personas con trastornos emocionales como la depresión y ansiedad, personas con dificultades de aprendizaje o atención, personas con problemas de adicción (drogas y/o alcohol), en situaciones de exclusión social (personas sin techo), trastornos de alimentación y lesiones cerebrales. Dada que su característica principal es la expresión a través del movimiento, resulta ser una terapia ideal para niños o adolescentes que no pueden o que prefieren utilizar sistemas de comunicación distintos del verbal, niños con problemas en la adquisición del lenguaje, niños que han sufrido maltratos o abusos sexuales, niños con hiperactividad, niños con trastornos de atención.

Centrándonos en el ámbito de las NEE (física) y la danza, el lenguaje del cuerpo es muy antiguo, es primitivo. Todos los cuerpos tienen un lenguaje y no tiene nada que ver cómo sea ese cuerpo. Podemos hablar de un comienzo de experimentación con el flamenco y las personas con necesidades especiales físicas. El flamenco adaptado no es uno de los bailes con mayor demanda para los usuarios en sillas de ruedas, va ganando adeptos gracias a iniciativas como la de flamenco inclusivo del bailaor sevillano José Galán. En este proyecto de Galán fusiona el flamenco con la experiencia adquirida en diversos centros de educación especial y con los conocimientos de su tesis doctoral *La integración de la discapacidad en el flamenco*.

3.1.3.2. Beneficios de la música en el sujeto

La música es un elemento trascendente, particularmente movilizante, cargado de significaciones para la mayoría de los seres humanos y capaces de producir bienestar y placer. Su presencia nunca pasa desapercibida por todo lo que nos mueve por dentro y el deseo de apropiación que provoca. La música es energía, mueve, vigoriza y conmueve, promueve la interacción con los otros.

La música contiene energías sonoras básicas características de todo el género humano, y como tales impactan desde los ritmos más primarios, como los ritmos biológicos, si bien la música posee una estructura podemos modificarla en función de nuestras necesítales, los estilos musicales, la instrumentación los elementos que la componen, pueden ser cambiado, provocando según la relación que medie entre ellos, esto forma parte de lo que denominamos musicoterapia.

La musicoterapia según la OMS (Organización Mundial de la Salud) es el uso de la música y/o elementos musicales (sonido, ritmo, melodía, armonía) por un musicoterapeuta calificado con un paciente o grupo de pacientes, para facilitar y promover la comunicación, la interrelación, el aprendizaje, la movilización, la expresión, la organización y otros objetivos terapéuticos relevantes, con el fin de atender necesidades físicas, emociones, mentales, sociales y cognitivas.

La musicoterapia apunta a desarrollar potenciales y/o restablecer funciones del individuo para que éste pueda emprender una mejor integración intrapersonal e interpersonal, y en consecuencia alcanzar una mejor calidad de vida, a través de la prevención, la rehabilitación o el tratamiento.

Beneficios que aporta la música:

1. Nivel fisiológico

- Puede incrementar o disminuir la tonicidad y energía muscular, según su ritmo interno.
- Aumenta la actividad neuronal, promovida por estados de relajación.
- Aumenta el nivel de resistencia al dolor, ya que estimula la producción de endorfinas.
- Acelera o disminuye la frecuencia respiratoria.
- Afecta al pulso, al ritmo cardiaco, a la presión sanguínea y a la función endocrina.
- En el caso de lesiones cerebrales sabemos que los sectores indemnes del cerebro poseen reservas de las que el organismo puede extraer elementos de sustitución, compensación o restitución de los defectos resultantes del daño sufrido. Es esta reserva de la que la musicoterapia se valdrá para desarrollar las habilidades perdidas de las zonas afectadas.

2. Nivel intelectual

- Provoca y favorece la expresión de uno mismo.
- Tiende a unir a las personas.
- Es el arte que mejor refleja, provoca y expresa estadios emocionales independientemente de todo individualismo.

3. Nivel psicológico

- Actúa sobre el sistema nervioso central, y por tanto provoca o puede provocar en el ser humano efectos sedantes, estimulantes y enervante entre otros.

3.1.2.3. La música flamenca

Las tres principales herramientas del flamenco son el cante, la guitarra y el baile. Casi todos los estilos o palos flamenco pueden interpretarse con o sin baile, habiendo bailes sin cante y temas puramente vocales, a capela. Las raíces del flamenco se formaron recogiendo influencias de muy diversos orígenes: podemos encontrar en esta música aportaciones hindúes, árabes, judías, griegas, castellanas, etc. Como llegaron a fundirse en el flamenco las aportaciones de tantas culturas es una larga e interesante historia llena de leyendas, malinterpretaciones y preguntas sin resolver. Los Gitanos del sur de España crearon esta música día a día desde su llegada a Andalucía en el siglo xv. Dentro y fuera del flamenco se cree que llegaron de una región del norte de la India llamada Sid que en la actualidad pertenece a Pakistán.

La tradición nómada les lleva a ser una cultura acostumbrada a tomar prestada las formas musicales de allí donde llegaran para reinterpretarla a su manera. La música es una parte muy importante tanto de sus celebraciones como del vivir diario. Todo lo que necesitan para comenzar a hacer música es una voz y algo de ritmo que siempre se puede añadir con las manos y los pies, por esto mismo, en las formas más primitivas del flamenco no se necesitan más instrumentos que los que proporciona el propio cuerpo humano. La música gitana siempre ha sido amiga de los adornos, la improvisación y el virtuosismo. Los gitanos encontraron en Andalucía el lugar perfecto para desarrollar su musicalidad, pues esta región disfrutaba de un impresionante auge cultural, artístico y científico, debido a casi ochocientos años de mezcla de culturas árabes, judías y cristianas.

Durante el siglo XVI, muchos trabajaron y murieron en las minas y vivieron en casas construidas en cuevas de montañas donde cientos de judíos, musulmanes y gitanos paganos se había refugiado huyendo de las reconversiones forzosas llevadas a cabo por los gobernantes y la iglesia. La mayor parte de las celebraciones gitanas tuvieron que ser llevadas a cabo en secreto, incluso cuando muchos gitanos estaban siendo invitados a tocar su música en las fiestas de los ricos.

En estas reuniones interpretaban canciones cuyos textos hablaban de las injusticias cometidas contra ellos por las mismas personas que les escuchaban sin comprender el significado de las letras.

La primera transcripción a partitura de una pieza flamenca se encuentra dentro de la ópera *La máscara afortunada* de Neri (Italia, siglo XVIII). Podemos decir que al final del siglo XIX el flamenco ya había establecido sus formas tal y como se conocen hoy, pero esto tiene que ser comprendido teniendo en cuenta que el flamenco es una música que no ha cesado de evolucionar desde sus orígenes y que continúa viva y cambiante.

Los primeros datos sobre un tipo de música emparentada con el flamenco se remontan a mediados del XVIII cuando el ambiente tonadillero, entre sainetes y romanceros, y el desarrollo cada vez más patente de una escuela nacional de baile, entre otros elementos, sirve como un sustrato que ha de propiciar la creación de los géneros flamencos con la llegada del siglo XIX. El arte flamenco como tal se manifiesta en los teatros y los cafés cantantes de Cádiz, Sevilla y Jerez, principalmente, cuando un selecto grupo de cantaores, guitarristas y bailadores, de ambos sexos, advierten la excelente acogida que el público dispensa a esta clase de música.

El recién nacido flamenco convivía con el teatro lírico, género que incluía entre sus números cada vez con más frecuencia cantos de raigambre popular, intercambiando elementos musicales constantemente. El tango zarzuelero, por ejemplo, proporciona compás y cadencia al flamenco, y éste hace lo propio con su carácter teatral. Un constante intercambio entre la escena y la taberna que mantuvo y mantiene vivo un tipo de música y de baile que, lejos de iniciarse en las cuevas a la luz de una hoguera, fue alumbrada por las lámparas de teatros y se mostró orgullosa siempre de una variadísima riqueza de estirpe andaluza.

Con la llegada del nuevo siglo xx nace una nueva forma del acercamiento del flamenco al público a través de grandes espectáculos que reunían a un notable número de artistas. Esta época fue conocida como la ópera flamenca. Con la llegada de los años sesenta, y como respuesta a la revolución juvenil que invadía todo el mundo occidental, dos personalidades marcan las pautas de una nueva forma de interpretar el flamenco que, sin desprenderse de los principios que marca la escolástica flamenca, aportan nuevos caminos que los jóvenes no dudarán en seguir: Camarón de la Isla y Paco de Lucía. Hoy, una vez comenzado el siglo xxi, en general el cante vive a la sombra del gran creador de la Isla, Camarón, así como la guitarra se desarrolla bajo los principios que impone

Paco de Lucía. No obstante, entre fusiones, el arte flamenco admite nuevas formas conservando el espíritu que lo engendró.

En estos dos enlaces tenemos información ampliada de la música flamenca y sus diferentes etapas:

- https://www.casadelarteflamenco.com/blog/historia-del-flamenco/
- http://www.hispanoteca.eu/Música%20ES/Historia%20y%20evolución%20del%20cante.htm

3.1.2.3.1. La música flamenca como elemento terapéutico

En musicoterapia la música es recurso de acción, expresión y comunicación, se utiliza en el tratamiento de problemáticas emocionales y físicos en niños, adolescentes, adultos y tercera edad, desarrollándose en los campos educativos, clínico y socio-comunitario con objetivos de promoción, prevención y rehabilitación en salud.

La música flamenca se puede usar también como medio para producir cambios ya que posee cualidades para ello, como hemos apuntado antes destaca el nivel emotivo y la alta carga de emoción que contiene, y nos ayudará a encaminar cualquier emoción que tengamos, la podemos utilizar de una manera abierta, experimental ya que está en permanente cambio y evolución, al igual que cualquier otra música podemos trabajar objetivos individuales como grupales, creando una alianza terapéutica entre el sujeto y el musicoterapeuta.

La música flamenca rompe muchos esquemas de la música occidental o académica. Por ejemplo, cuando estudiamos solfeo nos enseña que hay tres tipos de compases básicos, a 2, a 3 y a 4 tiempos. Los compases primitivos flamencos son de 12 pulsos en los que se combinan de 2 y 3 tiempos. La acentuación se encuentra en el último a diferencia de los occidentales. Los compases flamencos primitivos son largos, lo que supone una mayor dificultad a la hora de conocer su estructura. Tiene acentuación irregular y combinan como ya hemos dicho compases de 3 y 2 partes.

Cuando más entramos en sintonía con el compás flamenco más alineamos nuestras emociones y somos conscientes de ellas, al percibir el compás y el cante nos emocionamos y dejamos salir nuestro sentir. Según sean la velocidad e intensidad de este compás, el palo y el cante que escuchemos es la sensación emocional que se pone de manifiesto. Es en este punto en el que la música flamenca cobra valor terapéutico.

El mundo del flamenco está compuesto por un entramado de historias, mitos y leyendas, utilizando los recursos flamenco-compás-danza-musicalidad y duende y guiados por una terapia para el acompañamiento del crecimiento, podemos llegar a bloqueos emocionales registrados en alguna parte del cuerpo a modo de síntoma o malestar con el fin de sacarlos de la sombra. La música flamenca opera como el hilo conductor para ir más adentro del sujeto tocando internamente esos puntos fluyendo las emociones hacia fuera.

En estos dos artículos se complementa la información sobre la música flamenca:
- http://www.sibetrans.com/trans/articulo/198/ la-hibridacion-transcultural-como-clave-de-la-for-

macion-del-nuevo-flamenco-aspectos-historico-so-
ciologicos-analiticos-y-comparativos
- https://estilosmusicalespabloestrada.wordpress.
com/2014/03/30/flamenco/

«Podemos pensar que en el arte flamenco, en el que
la actitud, la expresión, es decisiva, no cabe la posibilidad de la frialdad o el distanciamiento académico. Sería
un error verlo así. Quien pudiera ver en directo a viejos
maestros del cante, como don Antonio Mairena o don
Antonio Piñana, recordarán perfectamente cómo ellos,
imbuidos de una alta misión, la de rescatar a los cantes
(andaluces o mineros) de cualquier contaminación o
"impureza", cantaban como dando una clase magistral,
subrayando cada frase, cada tono, matizando lo que para
ellos era lo originario fundacional (aunque hoy veamos
ingenua o incluso llena de soberbia esa actitud) y, además,
daban todo tipo de explicaciones partiendo de la convic-
ción de que delante tenían a un auditorio (un alumnado)
primerizo o ignorante de las verdades flamencas». PARRA
PUJANTE, A. (2012). *El flamenco a través de las Teorías de
la Comunicación.* Revista de Investigación sobre flamenco.
La Madrugá, 1 (7), p. 50.

3.2. La psicología positiva

3.2.1. La psicología positiva

La psicología positiva es una rama de la psicología
que se preocupa de la felicidad, podría definirse
también como el estudio científico de aquello que hace
que nuestra vida valga la pena pero sin olvidar nuestros

problemas personales, la psicología promueve nuestras fortalezas. Martin Seligman es considerado el padre de la psicología positiva. Fue uno de los primeros en explorar la felicidad desde un punto de vista científico. Se define como el estudio científico de las experiencias positivas, los rasgos individuales positivos, las instituciones que facilitan su desarrollo y los programas que ayudan a mejorar la calidad de vida de los individuos mientras previene o reduce la incidencia de la psicopatología (Seligman, 2005). Es definida también como el estudio científico de las fortalezas y virtudes humanas, las cuales permiten adoptar una perspectiva más abierto respecto al potencial humano, sus motivaciones y capacidades (Sheldon-King, 2001), incluye también virtudes cívicas e institucionales que guían a los individuos a tomar responsabilidades sobre su comunidad y promueve características para ser una mejor persona.

3.2.2. Las emociones positivas y negativas

La psicología positiva se propone mejorar la calidad de vida y el bienestar emocional, prevenir la aparición de trastornos mentales y psicopatologías, desarrollar competencias emocionales que preparen para la vida. Se pretende promover un modelo centrado en la promoción de la salud tanto física como mental.

Emoción. Sentimiento muy intenso producido
por un hecho, una idea, un recuerdo...

Se han estudiado mucho más las emociones negativas que las positivas, pero actualmente se ha abierto un campo inmenso para la investigación y el desarrollo de las emociones positivas y de su influencia positiva sobre la salud. Para Vallés, la emoción es: «... estadio afectivo intensivo y relativamente estable, acompañado de fuertes movimientos expresivos y asociado a sensaciones corporales. Las emociones son reacciones a las informaciones (conocimientos que recibimos en nuestras relaciones con el entorno). La intensidad está en función de las evaluaciones subjetivas que realizamos sobre cómo la información recibida puede afectar a nuestro bienestar. En estas evaluaciones previas intervienen conocimientos previos, creencias, objetivos personales, percepción de ambientes provocativos, etc. Una emoción depende de lo que es importante para nosotros. Si la emoción es muy intensa puede producir disfunciones intelectuales o trastornos emocionales (fobia, estrés, depresión, etc.).

Para Vallés (2001), sentimiento es «... el estado de ánimo o estado psíquico que sigue a la emoción, es su consecuencia directa, es un estado afectivo más estructurado, complejo y estable que la emoción, menos intenso y presenta una menor implicación fisiológica».

Las emociones están en un eje que va del placer al displacer. Esto supone asignar una valencia a las emociones en función del lugar que ocupan en ese eje. Las emociones negativas se experimentan ante acontecimientos que son valorados como una amenaza, una perdida, una meta que se bloquea, etc. Las emociones positivas se experimentan ante acontecimientos que son valorados como un progreso hacia los objetivos personales y de bienestar. Las emociones positivas se experimentan cuando se logra una meta, cuando se percibe algún progreso o mejora. Estas emociones son agradables y proporcionan disfrute y bienestar. Conviene tener presente que hablar de emociones positivas y negativas, no es hablar de emociones buenas o malas. Todas las emociones son legítimas y hay que aceptarlas.

No hay acuerdo generalizado sobre la clasificación de las emociones primarias, aunque siempre se utiliza como base la clasificación que resultó de las investigaciones de Ekman (1974). Desde los años 40, los investigadores de las emociones comienzan a centrarse en las que consideran como las emociones primarias o como las refieren entonces: «manifestaciones primarias de afecto»; en ese sentido investigan seis inicialmente: «sorpresa, miedo, cólera, disgusto, felicidad y tristeza».

En los años 70, Ekman profundiza el estudio y efectúa un gran avance, no solo sobre las emociones en general, sino también en su sentido más universal.

A mediados de los años 90 todavía no había unanimidad sobre las posibles emociones primarias o básicas.

Goleman (1995) establece su propia clasificación que ha sido aceptada posteriormente por muchos teóricos de las emociones.

Clasificación de las emociones Goleman

IRA	TRISTEZA	MIEDO	ALEGRÍA	AMOR	SORPRESA	AVERSIÓN	VERGUEN-ZA
Rabia	Aflicción	Ansiedad	Felicidad	Aceptación	Sobresalto	Desprecio	Culpa
Enojo	Pena	Aprensión	Gozo	Cordialidad	Asombro	Desdén	Perplejidad
Resentimiento	Desconsuelo	Temor	Tranquilidad	Confianza	Desconcierto	Displicencia	Desazón
Furia	Pesimismo	Preocupación	Contento	Amabilidad	Admiración	Asco	Remordi-miento
Exasperación	Melancolía	Consternación	Beatitud	Afinidad		Antipatía	Humillación
Indignación	Autocompasión	Inquietud	Deleite	Devoción		Disgusto	Pesar
Acritud	Soledad	Desasosiego	Diversión	Adoración		Repugnancia	Aflicción
Animosidad	Desaliento	Incertidumbre	Dignidad	Enamora-miento			
Irritabilidad	Desesperación	Nerviosismo	Placer sensual	Agape			
Hostilidad	Depresión grave	Angustia	Estremecimiento				
Odio		Susto	Rapto				
Violencia		Terror	Gratificación				
			Satisfacción				
			Euforia				
			Capricho				
			Éxtasis				
			Manía				

La clasificación de Goleman no sólo se ha aceptado como base de trabajo teórico sino también para la elaboración de programas de intervención.

Otro modelo teórico interesante sobre las emociones, es el planteado por Plutchik que nos habla de ocho emociones básicas (alegría, ira, miedo, tristeza, aceptación, sorpresa, anticipación y aversión). Un modelo mucho más completo y reciente es el de TenHouten que a partir de las ocho emociones primarias de Plutchik se derivan las emociones secundarias. Si bien la mayoría de autores están de acuerdo en que hay emociones positivas y negativas, los autores vinculados a la educación emocional prefieren hablar de emociones agradables o desagradables para evitar las connotaciones del término negativo.

3.2.3. La inteligencia emocional

La inteligencia emocional refiere a las capacidades y habilidades psicológicas que implican el sentimiento, entendimiento, control y modificación de las emociones propias y ajenas. Una persona emocionalmente inteligente es aquella capaz de gestionar satisfactoriamente las emociones para lograr resultados positivos en sus relaciones con los demás. El concepto surge en 1983 con el psicólogo Howard Gardner quien considera a los test de coeficiente intelectual como insuficientes para lograr una apreciación de la inteligencia.

Si bien se considera que el «despegue» de la Teoría de la Inteligencia Emocional tuvo lugar a raíz de la publicación del *bestseller* de Goleman en 1955, fueron los investigadores Salovey y Mayer que habían utilizado el método científico con su artículo publicado en 1990 *Inteligencia emocional* dan inicio al reconocimiento científico de ese campo de estudio. En dicho artículo definen la inteligencia emocional: «… La habilidad para monitorizar los sentimientos y las emociones propios y de los otros, para discriminarlas entre ellas y usar esa información para guiar el pensamiento y las acciones de uno mismo. La definición de inteligencia emocional desarrollado por Mayer y Salorey (1997) lleva implícito el planteamiento de habilidades emocionales.

*Percepción emocional
Habilidad para percibir las propias emociones y la de los demás, así como percibir emociones en objetos, arte, historias, música, y otros estímulos.

*Asimilación emocional
Habilidad para generar, usar y sentir las emociones como necesarias para comunicar sentimientos, o utilizarlas en otros procesos cognitivos.

*Comprensión emocional
Habilidad para comprender la información emocional, cómo las emociones se combinan y progresan a través del tiempo y saber apreciar los significados emocionales.

*Regulación emocional
Habilidad para estar abierto a los sentimientos, modular los propios y los de los demás, así como promover la comprensión y el crecimiento personal.

3.2.4. La resiliencia

Resiliencia es una palabra de origen latino *resilio*, cuyo significado original es «saltos hacia atrás», «volver de un salto». Se trata de un término que surge de la física y de la ingeniería de materiales, para simbolizar la elasticidad de un material. En los ámbitos de la psicología, pedagogía, sociología, etc., ser resiliente significa volver al lugar anterior, recuperarse, avanzar.

Resiliencia: «Capacidad de una persona o grupo para seguir proyectándose en el futuro a pesar de acontecimientos desestabilizadores de condiciones de vida difíciles y de traumas a veces graves» (Maniaux, Vanistendael, Leconte, Cyrvinik, 2001).

El concepto de resiliencia no implica tanto una invulnerabilidad al estrés sino la habilidad de recuperarse de eventos negativos (Garmezy, 1991).

Olsson (2003): el término resiliencia se ha utilizado para describir una sustancia de cualidades elásticas, la capacidad para la adaptación exitosa en un ambiente cambiante, el carácter de dureza e invulnerabilidad y, más recientemente, un proceso dinámico que implica una interacción entre los procesos de riesgo y protección, internos y externos al individuo, que actúan para modificar los afectos de un evento vital adverso.

Un término muy unido a la resiliencia en los últimos años es el de psicología positiva (Seligman 1999), la misma se centra en lo positivo del ser humano, no en lo negativo. La resiliencia analiza las circunstancias negativas del individuo y cómo de ellas saco todo lo positivo que tiene para superar las situaciones traumáticas o difíciles.

La psicología positiva, de modo semejante a la resiliencia, lo que plantea es que hay que centrarse en lo positivo.

FlamencoCreative

Surge de mi necesidad de encontrar nuevos caminos y utilizar el flamenco como vehículo terapéutico. Para el flamenco las personas que tienen duende son muy valoradas dentro del contexto artístico, pero qué pasa con aquellas personas que «no tienen duende» y se sienten identificadas con este arte. FlamencoCreative aborda desde una perspectiva pedagógica, artística y terapéutica otro ángulo del flamenco incluyendo la diversidad psíquica, física y situacional de las personas. Desde el flamenco como instrumento terapéutico propongo con este método trascender este arte como tradición y dimensión colectiva de una cultura determinada y utilizar otro ángulo del flamenco para aquellos grupos humanos que viven, sienten y piensan LO FLAMENCO desde otra perspectiva, sin fronteras geográficas culturales y de otra índole.

Sesiones experimentales

Dentro del espacio donde se desarrollan las sesiones terapéuticas ocurren grandes cosas.

La relación terapéutica entre los asistentes y yo, el contenido emocional que ahí surge, no cabe en unas pocas palabras, pero haré una aproximación.

Mi trabajo ha sido para todo tipo de personas que han sentido un desequilibrio emocional o para quien quería simplemente profundizar y conectar con su cuerpo y sus emociones, en concreto a través del flamenco.

La idea de Jung de que el individuo está conectado a un inconsciente colectivo, se ha visto reflejado en las sesiones. Tu emoción es mi emoción, tu movimiento es el mío. Además de tener siempre una persona «espejo» que hacía que todo el mundo asistente conectara con una parte de sí misma.

Por otro lado, las personas han tenido un alto porcentaje de conciencia kinestésica de su propio cuerpo. Ser conscientes de cómo se movían. Estos movimientos a su vez me han aportado información sobre las cualidades y esfuerzos que utilizaban. La música flamenca escogida, unas veces en directo, otras con música exclusiva preparada para las sesiones, ha servido como vehículo para abrir canales, sensibilizar y dejar que las emociones fluyeran.

En estas sesiones el flamenco se convierte en un amigo que nos lleva de la mano, nos hace pasar por estadios de mucho dolor, a la sensación de alegría y liberación más absoluta. Muchas veces al ser conscientes de lo que sentimos hacia una situación, y tener una persona que nos dirige, logramos soltar los bloqueos, muchas de las cosas que de otra forma se quedan enquistadas. **El baile, el cante y la música flamenca tienen un gran potencial para ello.**

Cante, guitarra y baile (trío de ases)

Baile

El cerebro de un bailaor tiene una maleta de habilidades y competencias grandísimas: la coordinación del cuerpo en el espacio, la postura, el gesto, la expresión, la percepción, la secuenciación así como la distribución de la energía. Se sabe a través de muchas investigaciones que la danza actúa en las regiones que tienen que ver con la cognición, la emoción y la memoria.

El baile flamenco no es sólo un ejercicio físico, sino que además crea nuevas neuronas (neurogénesis) y sus correspondientes conexiones, además bailar hace que las neuronas sean ágiles y que se conecten entre sí creando nuevas sinopsis. La plasticidad neuronal es la capacidad que tiene el cerebro para cambiar a lo largo de la vida, el baile flamenco también es un modo de transmitir ideas y emociones como cualquiera de las artes, es por ello que tiene incidencia en áreas metacognitivas del cerebro.

Son muchos los mecanismos neuronales que entran en funcionamiento cuando detectamos un sonido. Son pocas cosas en la vida que nos estimulan más que la música. Estos estímulos llegan al sistema límbico, al circuito cerebral subcortical donde aparecen las respuestas fisiológicas a las emociones. El arte de los sonidos.

El cante flamenco como elemento terapéutico

El acto de cantar para nuestro cuerpo y cerebro tiene muchos beneficios, tales como la segregación de endorfinas y la liberación de tensiones. Además mejora la respuesta inmunológica y la respiración, entre otras.

Si nos basamos en el cante flamenco y en la amplia gama de estilos que existen: cantes de acompañamiento, cantes fundamentales, de Cádiz, fandangos, mineros y de Levante, relacionados con el folklore andaluz, de ida y vuelta y por último los de procedencia galaico-asturiana.

No es de extrañar que el cantaor a la hora de interpretar «inconsciente o no», elija unos estilos preferentemente a otros, puede ser por cultura, por el ambiente que haya vivido, por el tipo de público al que cante o por cómo se encuentre ese día.

En esta relación:

Qué cantamos (PALO Y TIPO DE LETRA), a quién cantamos (PÚBLICO) y cómo cantamos (ESTADO FÍSICO Y PSÍQUICO DEL CANTAOR/A) abarca una inmensa variedad de formas de comunicación NO VERBAL.

Además, tenemos que tener en cuenta el PARALENGUAJE (utilización de la voz acompañada de gestos para transmitir un mensaje).

La idea del gesto está vinculada al movimiento, expresión y comunicación, esto implica la transmisión de un sentimiento, un significado o una intención de transmitirnos un mensaje.

A modo introductor podemos vislumbrar el universo enorme que nos ofrece el cante flamenco para poder utilizarlo terapéuticamente.

El cerebro del músico

Un nuevo estudio acaba de reforzar que el cerebro de los músicos tienen la zona cuya función es registrar y diferenciar los estímulos acústicos un 25 % más grande, que en el de las personas que jamás han tocado un instrumento. Tocar un instrumento musical o cantar conlleva una gran entrada de estímulos sensoriales y motores que generan un incremento de la actividad cerebral en áreas como la corteza auditiva, la corteza somatosensorial y la motora. Estas áreas son encargadas de diversas funciones como las habilidades motoras voluntarias y percepción sonora. Otros estudios avalan que la práctica musical genera cambios a nivel de la organización de las redes neuronales.

Ballivian (2017):

«… La neuromúsica es una herramienta que se usa para estimular áreas neuronales, trabajando en emociones, memoria e inteligencia. La música es un lenguaje no verbal que implica mucha relación con las emociones y éste a su vez estimula neuronalmente estas áreas del cerebro, dando así posibilidades de tratamiento…».

La música permite restablecer la capacidad de andar y mantener el equilibrio deteriorados a causa del Parkinson, ictus o del propio envejecimiento entre otras, para ello tenemos la MUSICOTERAPIA y la DANZATERAPIA, en nuestro caso la FLAMENCOTERAPIA.

Los profesionales-terapeutas deben estar formados no solamente como músicos y bailarines, sino que deben estar formados en psicología, psicoterapia, métodos de investigación, pedagogía, fisiología, biología, movimiento-danza y por supuesto en el caso del flamenco ser profesionales de este arte, además de tener un trabajo práctico.

En el caso del baile flamenco tenemos que tener en cuenta la simbiosis que existe entre el baile y la música, ya que normalmente se trabaja con músicos en directo. En momentos donde tenemos que unir todas las piezas del puzle, se puede generar muchísimo movimiento neuronal. El bailaor tiene que estar alerta a los códigos del flamenco además de su propio movimiento corporal, tiene que tener cuantos más conocimientos musicales mejor para poder conectar con sus compañeros tanto en el tablao, en la juerga, como en un ensayo. La música viva no tiene nada que ver con la música grabada.

Actualmente los estudiantes de flamenco tienen más contacto con los METRÓNOMOS FLAMENCOS que con la música flamenca en sí, perdiendo el carácter originario y puro de la música flamenca, además de que el baile pueda parecer una serie de pasos y no un baile con identidad propia.

Pero no todo va a ser malo dentro del trabajo con METRÓNOMO.

Sus beneficios son indirectos y repercute en el cerebro, la función del metrónomo es la de hacer «simétricos» nuestros pensamientos sobre el pulso y el ritmo. A medida que lo vamos utilizando se va convirtiendo en una herramienta a bordo de nuestra mente, creando un tiempo interno dentro de nuestro cuerpo y nuestra mente puede imaginarlo y entenderlo sin que esté presente, es ahí cuando adquirimos la habilidad de conectar nuestro ritmo a cualquier pulso que nuestra mente detecte.

Conclusión final

El flamenco es resiliente desde el principio de sus tiempos ya que surge de un pueblo que sufre y pasa fatigas, las modulaciones de la voz y su timbre en los cantes nos llevan a tiempos remotos, ciertos toques de guitarra rompen las barreras ornamentales actuales y nos llevan a modos más sencillos pero con sabor más añejo y con más DUENDE.

Una de las definiciones de RESILIENCIA es la capacidad de superar los eventos adversos y ser capaces de tener un desarrollo exitoso a pesar de circunstancias muy adversas como muertes, guerras, traumas, etc.

Richardson, Neieger, Jensen y Kumpfer (1990) definen la resiliencia como el proceso de afrontamiento con eventos vitales desgarradores, estresantes o desafiantes, de un modo que proporciona al individuo protección adicional y habilidades de afrontamiento que las que tenía previa a la ruptura que resultó desde el evento.

La connotación histórica y cultural que tiene la música flamenca y la simbiosis que tiene con el BAILE FLAMENCO. La importancia de entender y sentir la música cuando bailamos flamenco es clave para poder captar esos sonidos que percibimos y, de una manera consciente o no, nos transmite un mensaje sonoro. Las emociones son las encargadas de convertir ese mensaje sonoro en algo comprensible. Normalmente sin ser conscientes asociamos los sonidos de la música que escuchamos a emociones. Esta asociación SONIDO-EMOCIÓN hace que entendamos lo que sentimos dentro del contexto y poder reaccionar ante éste, si somos conscientes de nuestras emociones, podremos trabajar con ellas dentro de la psicología positiva, y llevarlas a buen puerto, transformarlas, salir resilientes y mejorar nuestra calidad de vida.

4. Bibliografía

Benenzon, R., 1981. *Manual del musicoterapia.*

Bonald Caballero, J. M., 1997. *Luces y sombras del flamenco.*

Kurt, G., 2007. *Los caminos terapéuticos del flamenco.*

López, M., 2007. *Las aplicaciones del flamenco en la escuela.*

Salom, A., 1976. *Didáctica del cante jondo.*

Triana, F., 1978. *Arte y artistas flamencos.*

Navarro y Eulalia, P., 2015. *El baile flamenco.*

La India, 2015. *El flamenco, mi inspiración.*

Loren, C, 2007. *Mujer y flamenco.*

Royo, F. *Área formativa de educación emocional.*

Sebiani L., (2005). *Uso de la danzaterapia en la adaptación psicológica a enfermedades crónicas. Reflexiones.* 84 (1), 49-56.

Vallés, A., y Vallés, C., (1999). *Desarrollando la inteligencia emocional.*

Goleman, D., (1996, original de 1995). *Emotional Intelligence.*

Luna de caramelo

Para todas aquellas personas que me abrieron su corazón y se dejaron llevar de mi mano y del arte flamenco

Luna de caramelo

La luna baila por tangos
viéndonos llegar.
un manto de estrellas
nos cubre,
nuestros besos dulceamargos.
El viento susurra canciones,
árboles que hablan de amores,
amantes que miran al mar
después de danzar
miles de besos de sal.
El mar nos refleja,
nuestra luna de cristal.

Hierro

En minúsculo espacio
atan sus manos dos seres,
su amor derrocha miel amarga.
Gatos callejeros oyen
el sonido de las pieles que arden.
¡Ámame para toda la vida!
a pesar de la extensa noche
… melancolía.

Tona

Cábalas como estandarte
invaden mi madrugada,
quien fuera viento
para mecerme en la arena,
levantando surco de corazones
al compás de la marea.

Soniquete *pa* mis pies
enredos de notas
pa tus dedos,
alas abiertas me cubren
devolviéndome el dulce sueño.

Ensoñación

Tras la pared fría
tus ojos me miran.
Detrás un sol naciente,
contemplo la esencia que te envuelve,
cruces de lamento...

A cuchillo

Un frío cuchillo atravesó mi corazón
ni una gota quedó de calor;
con certeza se porque no me despedí.
Me hubiese ido contigo
… al otro lado del río.

Alambrada

Alambrada musical
resquebraja mi corazón.
Un aroma distinto,
recorre la misma canción de ayer;
obligando a despertar
a mis sentidos perdidos.

A tu disposición

Desde la penumbra de mi mediodía
me expongo al vacío más absoluto;
encontrándome aturdida
en sentimientos discontinuos,
en miedos tenebrosos,
sufrimientos mediocres
y qué se yo… ¡si los tengo!
Cubriose mi vida
de un manto de esperanza,
sin camino entendido,
llévame de tu mano,
ángel del cielo.

Compañerita nocturna

Un oscuro retal de mi vida
florece en los momentos de caída,
en los momentos de contienda.
En la soledad de mis recuerdos
la luna aparece a mi encuentro,
compañerita nocturna
enséñame el camino hacia Dios;
hazme un lugar en tu manto
purifícame el corazón.

En carne viva

Caminos que se separan, princesa,
nunca te olvides de mí.
Tú estarás en algún lado del mundo
yo tras la línea carmesí.
Lágrimas de viento y marea
en el corazón de la gachí.

San Lucas

Flamencos de enjundia,
sones de quiebro y plata
metal negro cubre,
la lápida desencajada.
Flores y ángeles
me envuelven amada.

Encrucijada

Al son de dos pájaros negros
quise volar contigo,
en el cielo íntimo de nuestro amor.
¡Quiebro del destino…!
Apocalipsis de mis sentidos.

San Marcos

Una lengua de mar
engulló los latidos de mi corazón,
siempre junto al mar me dijo;
y a la vera del mar murió.

Rosa eterna

Dos manos se unieron,
pétalos de rosas
te ofrezco,
quédate conmigo siempre
en mi barquito del mar revuelto.

Negro pozo

Sobre un precipicio sentada
caí al vacío,
negritud absoluta
miedos y llantos
desierto de cal viva;
queman mis débiles pasos.
Inquebrantables barrotes
a golpe de yunque bailo.
Suicidio de mi alma negra,
martinete yo te canto.
Ecos de tu voz resuenan
al fondo del negro y hondo;
nulas fuerzas me quedan,
en mis tacones de esparto.
Adiós, amarga vida,
creo que toqué fondo,
no puedo levantarme
para salir de este pozo.
Al fondo del negro hondo,
al fondo del negro pozo.

Cementerio

Noche de lúgubre tormenta,
melodías que presagian;
el cielo ruge con fuerza.
Fandangos caracoleros
en tu garganta,
llora tu tierra verde
y el mar se encoraja,
llora tu tierra verde
nuestras almas se separan.

Vil metal

«Te odio y te quiero aún más», me dijiste,
«¡qué dicotomía!», susurraste.
Ábrete al vil metal;
un puñal te señala,
para terminar con tu paz.
Un alma se rompe al alba
golpe de hierro y metal,
te odio y te quiero aún más, me dijiste;
triste y sola quedarás.
Llora por mí siete años,
caminos de piedras tendrás,
En tu piel la seguidilla tatuada,
duquelas grandes tendrás.

Entre sombras

En la cárcel de tus celos
hice mi alcoba nocturna,
miles de sombras susurran.
Confusión de voces agudas,
ruidos de doble moral
minaban mi soledad.
Hice mi alcoba nocturna
en este amor de locura.

Sentencia

Flamencos de postín
negociantes del SubArte,
apostilláis verdades absolutas
sentencias de pureza
mientras monedas pedís.
Dejasteis morir el arte
y le disteis malvivir,
oscuros retales os queden
en vuestro porvenir.

Asfixia

Expulso demonios escondidos
miedos enfermizos
limitaciones irracionales,
en este libre albedrío
la soledad me llama;
perpetua duda,
¡me asfixias…!
Hoy me levanto y te maldigo;
me dejaré llevar por la vida
sin conciencia ni contienda.

Muro

No hay fuerza para seguir.
¡Qué castigo es éste!
que me obliga a partir…
mi abandono es evidente,
¿Quién quisiera vivir así?
con una herida sangrante
y mil sueños sin sentir.

Silencio por alegrías

Tarde de aguacero y sal
todo a punto para el éxtasis de mi danza;
hoy me cimbreo con mano de Dios y fuerza estoica.

Te amo sin saber por qué
te niego hasta el infinito
dura prueba por venir
alma de pena y lamento.

Insomnio

El aire fresco de la madrugada
disemina el camino de las estrellas.
Sueño, invítame a tu cama,
arrúllame en tu almohada
entre mis sábanas selladas.

En tránsito

Corazón en vanguardia
de tono carmesí,
fuiste capaz de tocarlo,
sin entender cómo ni cuándo.

Dormito en la luna de caramelo
esperando tus besos
avísame si vienes
te ando buscando.

Te quiero

Es un papel tu querencia
o es pura rutina mía…
escuchar un te quiero
como el pan de cada día.
Mas no he de quererte,
mas no has de quererme,
¡pero debías!
Almas en el tiempo somos
presentadas todavía
para vivir un amor,
cerrando fuegos de lejanía.

Herida abierta

Honduras del pasado
aparecen en mi vida;
te espero en el camino de siempre
con el mar entre dos guías.
Tiempo de versos y flores,
revuelta,
despierto y latente.
Mi amor causante aparece,
¡qué es lo que quieres!
Tras la puerta se esconden
amores de sal y flores.

Deudas errantes

De curvaturas mágicas
sus labios me besaron,
besos que a mi alma llegaron.
Una llave en sus grandes manos,
trasvase de emociones y quebrantos.
Me pesa tu alma, ¿sabes?
Deudas encarnadas a tus manos.

Pena negra

Pesa la vida pesa,
pesa sin avisar...
hondo penar en mi alma,
tránsito de mi caminar.
Contradicciones de mis sentidos,
¡hasta mirarte es un martirio!
Lances de distintos designios
pálpitos sin despertares...

Títere del destino

Mar en calma,
mi barquito se escapa,
mis fuerzas se encogen
camino que se diluye,
en la penumbra del sol poniente;
no fluye, se pierde inerte.

Siete

Siete vidas tiene un gato
siete años de mi flamenco
siete de luto quieres
que te guarde en un convento

Tangos del pensar

Tras un cielo gris
una estrella me ilumina,
ando bailando por tangos;
un alma exhala quebrantos.
Este manto de tristura
amenaza con locura,
ando bailando por tangos;
olor a lirios y nardos.

Mi bohemio de cristal

Mil olores pa' tu pelo,
mil besos de caramelo,
ángeles que te cubran
en cada paso de tu vuelo.
Miles de notas de arte,
pa' mi niño de los hoyuelos;
vuela conmigo esta noche
y enséñame tu templo,
ese que brilla tanto
con las estrellas del firmamento.
Mil olores pa' tu cielo
mil besos de caramelo
tu alma pura quisieron
pa' tener más cerca lo bueno.
Quejidos eternos del mar
aúllan en la ciudad,
la muerte vino de día,
mareas vivas arrastran
todo el dolor de la mar,
«¡siempre te querré!», gritaban las olas
mi bohemio de cristal.

Lo de ser feliz

Tu esencia se apoderó de mí,
calidez y fuego
envolvieron mis células;
asfixia limitante.
La imagen de tu rostro
como caballo galopante,
apabullante mi destino...
juré no volver a sentirlo.

Falsa moneda

Niños de altos sueños
de escasas heridas
y vidas dibujadas.
Niños de grandes templos,
de mujeres infinitas de dobles juegos.
Niños de treinta, cuarenta, cincuenta
de morales infantiles.
Cobardes que juegan al no ser
que falsean el querer,
cobardes que acaban por caer.

Soleá

Perdí mi centro
y me tiraron al mar;
dice una letra de soleá.
Nos sostuvimos un tiempo;
difícil equilibrio,
mi flamenco de postal.

Mi velero

Adiós, barquito velero,
nunca te vi navegar,
siempre anclado en el puerto
esperando en bajamar,
tu quilla fue golpeada
por una ola brutal,
barquito velero, te hundiste
y nunca te vi navegar.

A un lado del banco

Un camino en blanco,
un amanecer por vivir,
atrás nuestro banco
del corazón carmesí.
Se vuelve abrir la herida
no hay tregua para mí…
yo quiero irme al cielo
y volar tras de ti;
un desmayo sostenido,
un suspiro, un quejido.

Extremaunción

Extremaunción de mi persona,
el alma rota por un tiempo.
Varios ángeles en mi busca
me rodearon de besos,
hora de partir dijeron
es Tiempo Nuevo;
¡camina!
Tu alma luce radiante
como el sol que nos alumbra.

Gitano de enjundia

Gitano de enjundia
de barriada magnificada,
grandes manos me rodean
entre falsetas de guitarra,
notas por alegrías
de viejos sueños vividos;
historias de amor pasadas.

Carbón mojado

Apareces tímidamente
alardeando de galantería,
ojos carbón mojados
para una despedida,
corto trayecto de amante,
mi querida honda herida.

Ensueños

En mis sueños con sonrisa blanca
y vestiduras desenfadadas.
Tras la escalera de caracol
se esconde un nuevo amor,
paisajes hermosos te esperan,
¡ámate, mi dama!
Te espero al otro lado del río.
Para tus manos de nácar
ángeles y estrellas,
paseos de caminos de oro,
sin tiempos ni esperas.
Dos almas libres
caminan,
tras la escalera de caracol,
un nuevo amor te espera.

Madeja

El tiempo oro fino
se desliza como hilo,
no olvides sentarte
delante de un buen fuego
rodeado de semejantes sinceros,
oro fino desaparece sibilino.

Poesía

En tu brazo me apoyé un día,
temporal o atemporal
risas y melodía.
Colores en tus paredes,
amiga mía.

Renacer

En mi corazón una gota que se extiende
sorprendiendo a mis sentidos,
lo que daba por perdido.
Dulce aroma al alba
vuelve a perfumar mi alma;
paisajes dulces se instalan
en mi corazón de nácar.

Caballitos de mar

Misterio que se oculta tras tu rostro,
hileras de lunares lo salpican,
se enciende un minuto al verme.
Después la sombra aparece.
En tus ojos entornados,
caballitos de mar desbocados,
misterio que se oculta,
alma que se desdibuja.

San Mateo

Mi alma de nuevo vertiginosa.
Puede pararse mi vida,
si Dios así lo estima.
Mil sonrisas me dibujan
detrás de la fría losa,
quise soñar de nuevo
energía luminosa.

San Juan

Dos ángeles tenía en el cielo,
bajó uno a la tierra de nuevo.
Alas celestiales envolventes,
brazos tiernos y sinceros,
¡siento que me quieres!,
amor verdadero…
Dios no me ha dejado sola,
al fin tú vienes.

Medias verdades

Dos perlas brillan
con medias verdades
escondidas,
historia de vida repiten
senderos prometidos,
vengo a terminar lo prohibido.

Luceros

Lunares que salpican
tu blanca estampa,
mil colores de gratitud
se concentran en mi alma,
me devolviste a mi camino.
Quiero retomar el sendero,
días de desierto y sequía
se quedan atrás;
soledad mía,
empieza mi nueva vida.

El camino

El camino de las estrellas
lo encontré contigo,
el camino de sin luna
lo encontré vacío;
un ángel tomó mi mano
y me devolvió el camino,
el camino de las estrellas
hoy lo comparto contigo.

Bulerías

Caminar y danzar
bulerías del corazón.
Caminar y danzar
amores de cartón.
Caminar y danzar
sueños de algodón.
Danzar y amar
empieza la pasión.

Resurrección

Enjugadas mis lágrimas
apunto mi alma al cielo y pido,
dame un trocito de éste
en el tiempo que me quede.

En tránsito

No pienso acabar mis días,
quiero un cachito de miel.
Esa luna que me mira
me sostiene cada día,
y que ¡si empiece más tarde!;
Dios me cubre el alma mía.
Lecciones que aprender
y nos reuniremos un día.

Jinete blanco

Puro es el corazón del caballo blanco;
si toca la maldad en él,
galopa para combatirlo con espanto.
Jinete de blanca luna
y de cabellos mojados,
súbete bien a tu montura
o acabarás fatigado.
El caballo blanco
no es caballo pa' montarlo.

Impacto

Hoy supe que te quería,
mi corazón lloró amargamente,
¿qué puedo esperar
de esta austera vida?
Abramos las alas
salgamos a volar...
me permito caminar
a las orillas del mar,
aire fresco, vida mía.

Herida sangrante

Tuviste un rato mis manos
y un te quiero susurraste,
lágrimas entremezcladas
con ilusiones sobajadas,
mi corazón débil
no pudo con los dos.
Jugaste con mis pesares
se me agotó el motor.
Quizás me acostumbre
a las lágrimas
y a esta vida sin sabor,
es lo correcto cristiano
que luego nos ampare Dios.

Desconcierto

Durante unas horas reviví
aquel amor perdido,
durante unas horas sentí
todo lo vivido,
no es justo llorar por dos
no es justo convivir con dolor.
¡Qué fuerte eres!,
que a una moribunda hieres.

FlamencoCreative y *Luna de caramelo* se terminó de imprimir en Madrid en el mes de enero de 2025

Opera Prima

www.operaprima.es